Mein Adventskalender mit 24 Einhorngeschichten

www.leseloewen.de

ISBN 978-3-7432-0089-0
1. Auflage 2018
© 2018 für diese Ausgabe: Loewe Verlag GmbH, Bindlach
Inhalte aus Einzelausgaben der Reihen *Lesepiraten* und *Leselöwen*
© 2007–2013 Loewe Verlag GmbH, Bindlach
Umschlagillustration: Carolin Ina Schröter
Umschlaggestaltung: Elke Kohlmann
Printed in Poland

www.loewe-verlag.de

Inhalt

1

Das Einhorn im Garten

Gwen und Pia waren Schwestern. Sehr ungleiche Schwestern. Gwen war brav, fleißig und fröhlich. Pia dagegen bockig, launisch und faul. Zu allem Überfluss hänselte Pia Gwen oft, weil sie anderen Menschen so gerne half. Manchmal zog sie Gwen sogar an den Haaren oder versteckte ihre Lieblingspuppe. Natürlich ärgerte sich Gwen darüber. Trotzdem hatte sie ihre Schwester sehr lieb und verzieh ihr immer wieder ihre dummen Streiche. Eines Tages klebte Gwen ein paar Fensterbilder an die Scheibe.

Da entdeckte sie ein seltsames Tier im Garten. Neugierig lief sie hinunter und sprach es an: „Wer bist du denn und was machst du hier?"

„Ich bin ein Einhorn und habe mich leider verlaufen. Kannst du mir bitte den Weg zurück in den Wald zeigen?"

„Das mache ich gern", sagte Gwen.

Als sie die Straße überquerten, sahen sie eine alte Frau. In zwei Tüten schleppte sie ihre Einkäufe. Sie schnaufte und kam kaum vom Fleck. Gwen nahm der Frau die Taschen ab und trug sie ihr nach Hause.

Zufrieden setzten sie und das Einhorn ihren Weg fort. Der Waldrand kam schon in Sicht, da hörten sie ein leises Wimmern hinter einem Busch. Ein kleiner Junge hockte da und jammerte: „Ich habe meinen Ball verloren!"

Sofort krabbelte Gwen auf allen vieren durchs Gebüsch, bis sie den Ball gefunden hatte. Kurz darauf erreichten Gwen und das Einhorn den Wald. Bevor sie sich verabschiedeten, bat das Einhorn: „Würdest du mir noch die Mähne kämmen? Sie ist so staubig und verfilzt von der Reise."

Gwen holte einen Kamm aus dem kleinen Täschchen, das sie stets bei sich trug, und bürstete die Mähne behutsam. Trotz aller Vorsicht lösten sich einige Haare und fielen zu Boden. Wie von Zauberhand verknüpften sie sich miteinander und plötzlich lag ein wunderschönes Kleid zu Gwens Füßen.

„Das ist mein Dank für deine Hilfe", sagte das Einhorn und verschwand zwischen den Bäumen.

Gwen streifte sofort das Kleid über und lief aufgeregt nach Hause. Sie erzählte ihrer Schwester, was passiert war. Pia war neidisch auf das hübsche Kleid und wollte sofort auch eines haben.

Einige Wochen später entdeckte Pia ein Einhorn im Garten.

„Na endlich", rief Pia. „Komm schnell, ich bringe dich zum Wald." Auf der Straße begegneten sie ebenfalls der alten Frau. Achtlos ging Pia weiter. „Willst du ihr nicht tragen helfen?", fragte das Einhorn. Doch Pia schüttelte den Kopf.

„Ach was! Sie ist doch selbst schuld, wenn sie so viel einkauft."

Wenig später trafen sie ein weinendes Mädchen, das seinen Teddy verloren hatte.

„Du hättest besser aufpassen sollen!", schimpfte Pia und ließ die Kleine einfach stehen. Im Wald angekommen, zückte Pia eilig den Kamm, den sie extra eingesteckt hatte, und bürstete die Mähne des Einhorns. Aber sosehr sie auch zog und zerrte, nur ein einziges Haar segelte zur Erde.

„Das ist ungerecht!", maulte Pia. „Meine Schwester hat ein ganzes Kleid bekommen!"

„Öffne dein Herz, wenn du deine Belohnung verwendest!", entgegnete das Einhorn ruhig und trabte davon.

Zurück zu Hause wollte sich Pia gleich bei Gwen beschweren. Doch sie fand ihre Schwester zusammengekauert auf dem Bett.

9

„Was ist los?", fragte Pia.

„Ich bin hängen geblieben und jetzt hat es ein Loch", schniefte Gwen. Dicke Tränen tropften auf das neue Kleid. Da bekam Pia Mitleid und sie wusste, wie sie ihre Schwester trösten konnte.

„Gib her, ich glaube, ich kann es flicken!", sagte sie. Sie griff in ihre Tasche, holte das Einhornhaar heraus und machte sich an die Arbeit. Als sie fertig war, war von dem Loch tatsächlich nichts mehr zu sehen. Völlig überrascht und überglücklich fiel Gwen ihr um den Hals und rief: „Weißt du was? Wir könnten das Kleid doch abwechselnd tragen. Ich leihe es dir, wann immer du willst."

2

Ein böser Drache?

Emmi, das Einhornmädchen,
hat sich im Zauberwald verlaufen.
Sie kennt sich gar nicht mehr aus!
Emmi fühlt sich furchtbar einsam.
Doch was ist das?
Aus einer nahen Höhle hört Emmi
ein schauderhaftes Schnarchen.
Gespannt folgt sie dem Geräusch.

Ein wenig ängstlich lugt Emmi
in den Höhleneingang.
Plötzlich streckt
ein riesiger Drache
seine Schnauze heraus.
„Mmh lecker, Frühstück!",
grummelt das Monster erfreut.
Grinsend schielt es auf ihr Horn.
„Und der Zahnstocher
ist gleich mit dabei!"

Da wird Emmi richtig wütend.
Ihre Furcht ist wie weggeblasen.
„Du qualmender Quasseldrache!
Weißt du nicht,
wie selten Einhörner sind?"
„Mir doch egal!",
faucht die Bestie.
Eine Flamme züngelt
aus dem mächtigen Maul.

Emmi springt beiseite.
„Pah! Das kann ich viel besser!",
ruft sie mutig
und pustet dem Drachen
ihren Zauberatem entgegen.
Plötzlich zischt es
und das riesige Untier
beginnt zu schrumpfen.
Immer kleiner und kleiner wird es.

Bis es nur noch
ein netter grüner Drache ist.
Aus seiner Kehle
steigt jetzt rosaroter Rauch.
„Kann ich dir helfen,
liebes Einhorn?",
säuselt der Drache
mit honigsüßem Lächeln.

„Ich hab mich verlaufen!",
seufzt Emmi.
„Kein Problem! Ab jetzt
bin ich nämlich dein Drachentaxi!"
Sanft hebt er Emmi hoch,
damit sie auf seinen Rücken
steigen kann.
„Alle angeschnallt?",
fragt der Drache schmunzelnd.

„Alles klar", antwortet Emmi
ein wenig aufgeregt.
Schließlich reitet sie ja
nicht jeden Tag
auf einem Drachen.
„Dann nichts wie los
in den Zauberwald!", ruft er.
Und von nun an weicht
Emmis neuer Drachenfreund
nicht mehr von ihrer Seite!

3

Sophie malt ein Bild

Heute Vormittag in der Schule ist etwas Merkwürdiges passiert. Wir übten gerade das große Einmaleins. Das ist viel schwerer als das kleine, deshalb habe ich mich ganz schön angestrengt. Mitten in einer Aufgabe streckte unsere Lehrerin Frau Mayer-Bär plötzlich den Arm aus. Sie deutete auf die Wand und sagte: „Ist euch aufgefallen, wie kahl unser Klassenzimmer aussieht?"

Verblüfft guckten meine Klassenkameraden und ich uns um. Frau Mayer-Bär hatte völlig recht. Unser Zimmer sah wirklich langweilig aus. Aber ist es nicht lustig, dass ihr das ausgerechnet in der Mathematikstunde aufgefallen ist?

Natürlich wollte jetzt niemand mehr weiterrechnen. Anna schlug vor, ein paar Pflanzen aufzustellen. Luise versprach, ihre Stofftiere mitzubringen. Und Tobi sprang auf, um die Wand sofort mit seinen Filzstiften zu bekritzeln. Frau Mayer-Bär konnte ihn gerade noch davon abhalten.

„Ich finde, jeder von euch malt zu Hause ein Bild und die schönsten hängen wir dann auf", sagte Frau Mayer-Bär.

Ich meldete mich.

„Sophie, was gibt es?", fragte unsere Lehrerin.

„Was sollen wir denn zeichnen?", wollte ich wissen.

Frau Mayer-Bär lächelte: „Malt, was ihr besonders gerne mögt."

Deshalb sitze ich jetzt zu Hause an meinem Schreibtisch und grüble. Am allerliebsten habe ich natürlich meine Eltern. Aber es ist schwer, die beiden zu malen. Auf meinen Bildern sehen sie immer aus wie irgendein Mann und irgendeine Frau und nicht wie Mama und Papa.

Ratlos wandere ich in die Küche, um mir ein Glas Saft zu holen. Im Kühlschrank entdecke ich eine Schüssel mit Schokoladenpudding. Fein! Das ist mein Lieblingsessen. Ich nehme ein Blatt und meine Wasserfarben und male Schokopudding. Dann betrachte ich mein Bild. Der große dunkle Klumpen in der Mitte wirkt überhaupt nicht lecker. Diesen braunen Fleck wird unsere Lehrerin sicher nicht aufhängen. Endlich fällt mir das Buch ein, das ich gerade lese. Einhorngeschichten.

Einhörner mag ich sehr. Ich stelle mir immer ihre großen sanften Augen vor und ihr rosa-flauschiges Fell. Ihr Hals ist ein bisschen länger und schlanker als bei einem Pferd und ihre Hufe und das Horn schimmern golden. Mit Feuereifer pinsle ich ein Einhorn aus meiner Fantasie.

Mir gefällt mein Werk ziemlich gut, aber Tobi lacht mich laut aus, als er es am nächsten Tag sieht: „Was soll das denn sein? Ein rosa Tier mit komischer Beule am Kopf!"

„Hah, Sophie kann nicht einmal ein Pferd richtig malen!", johlt sein Freund Max.

Mir schießen die Tränen in die Augen. Ich habe mir so viel Mühe gegeben! Zum Glück kommt in dem Augenblick Frau Mayer-Bär herein. Da sind die beiden Blödmänner wenigstens ruhig.

Am liebsten würde ich mein Bild wieder vom Stapel nehmen, damit niemand mehr Witze darüber machen kann. Doch die Lehrerin hat schon angefangen, eines nach dem anderen zu begutachten. Ein Urwald von Anna, ein Teddybär von Luise, ein rotes Sportauto von Tobi, eine ganze Fußballmannschaft von Max und vieles mehr. Jetzt ist meines an der Reihe. Ich beiße mir aufgeregt auf die Lippen.

„O wie schön, ein Einhorn!", ruft Frau Mayer-Bär und hebt es hoch. „Genau so habe ich mir Einhörner auch immer vorgestellt. Bravo, Sophie, dein Bild bekommt auf jeden Fall den Ehrenplatz innen an der Klassenzimmertür, damit alle es bewundern können."

Ich freue mich riesig und bin superstolz auf mein tolles Einhorn-Bild. Und ich kann es mir gerade noch verkneifen, Tobi und Max die Zunge herauszustrecken.

4

Prinz Christopher hat es eilig

Prinz Christopher hat es heute
schrecklich eilig.
Er muss schleunigst
zu Prinzessin Pauline,
um ihr seine Liebe zu gestehen!
Sonst bekommt sie
Graf Grässlich zum Mann.

Und der,
das weiß Christopher genau,
will nur Paulines Geld!
Prinz Christopher gibt Rudi,
seinem Rappen, die Sporen.
Doch der Wald ist so dicht,
dass Christopher
kaum hindurchkommt.

Die Äste zerreißen
Christophers edles Gewand
und die Dornen piksen fürchterlich!
Plötzlich stemmt Rudi stur
seine Hufe in den Boden.
Am Wegesrand steht
eine silberne Einhornstute!
Ihr Horn glänzt heller
als die Morgensonne.

Rudi hat nur noch Augen
für das zauberhafte Tier.
Und staunend
bleibt auch Christopher
der Mund offen stehen.
Dann reißt er seinen Blick los.
„Wir müssen doch weiter!",
jammert der Prinz kläglich.
„Graf Grässlich darf
Pauline nicht heiraten!"

Das Einhorn scheint
Christopher zu verstehen.
Denn jetzt scharrt es
mit seinen goldenen Hufen.
Schon weicht
das Gestrüpp beiseite
und die Dornen werden
zu saftigen Beeren.
Prinz Christopher staunt.
Das Einhorn galoppiert los.

Blind vor Liebe
stolpert Rudi hinterher.
Sie gelangen
zu einem traumhaften Schloss.
Die geliebte Prinzessin
tritt plötzlich aus dem Tor.
„Mein Einhorn!
Du hast es mir zurückgebracht!",
flötet Pauline Christopher
glücklich entgegen.

Schnell springt er
aus dem Sattel.
Pauline gibt dem Prinzen einen Kuss.
„Dafür sollst du
mein Bräutigam sein!"
Christopher strahlt Pauline
sprachlos an.
Rudi wiehert begeistert.

5

Das Einhorn

Mitten in der Nacht
wacht Clara auf.
Was hat sie nur geweckt?

Clara schaut aus dem Fenster.
Es ist Vollmond.
Clara sieht die Ponys
hinten auf der Weide.

Alles scheint ruhig.
Aber was ist das denn?
Clara reibt sich die Augen.
Da hat sich ja
bei den braunen Ponys
ein weißes eingeschlichen.
„Wo kommst du denn her?",
murmelt Clara verwundert.

Der Schimmel schaut
auf einmal zu Clara herüber.
Und da sieht sie es:
Das silberweiße Pony hat
ein langes goldenes Horn
auf der Stirn.
„Ein Einhorn!",
ruft Clara.

Vielleicht ruft sie es
ein bisschen zu laut.
Mit einem Satz
springt das Einhorn
über das Gatter.
Und ist verschwunden.

Im Frühling bringt eine
der braunen Stuten
ein schneeweißes Fohlen
zur Welt.
„Das kann doch nicht sein!",
sagt Papa.

„Doch",
lächelt Clara.
Sie streichelt das Fohlen.
Es hat zwar kein Horn.
Aber stattdessen
einen goldenen Stern auf der Stirn.

6

Serafinas größter Wunsch

Gar nicht so weit entfernt, gleich hinter der windschiefen Scheune, liegt ein Wald. Wer mucksmäuschenstill ist und genau hinsieht, kann dort vielleicht die scheuen Einhörner entdecken. Auch das Einhornmädchen Serafina lebt hier mit seinen Eltern. Serafina springt oft in ihrem Wald herum. Eines Tages entdeckt sie auf einer Lichtung einen kleinen See. Er glitzert einladend im Sonnenlicht. Neugierig tritt Serafina näher und beugt sich über die Wasseroberfläche. Klar und deutlich kann sie ihr Spiegelbild erkennen. Den weißen Kopf, den weißen Bauch und die weißen Beine.

„Alles weiß, wie langweilig!", denkt Serafina.

Bedrückt macht sie sich auf den Heimweg.

„Warum sind alle Einhörner weiß?", fragt Serafina ihre Eltern.

„Unser Fell ist doch sehr hübsch", findet ihre Mutter.

„Könnte ich nicht wenigstens ein farbiges Horn haben? Gelb wie die Sonne. Blau wie der Himmel. Rot wie die reifen Beeren. Oder wenigstens grün wie die Nadeln der Tannenbäume?"

Serafinas Vater schüttelt den Kopf: „Das geht nicht. Wir Einhörner sind nun einmal weiß wie der Schnee."

Am nächsten Morgen wird Serafina von lautem Gezwitscher geweckt. Das Gefieder der Vögel ist farbenfroh. Bestimmt sind sie deshalb so fröhlich und singen den ganzen Tag.

Serafina hingegen ist überhaupt nicht nach Singen zumute. Und da flattert auch noch ein frecher Schmetterling vor ihr. Er ist kunterbunt und scheint in der Luft zu tanzen.

Doch was ist das? Plötzlich hört Serafina eine klägliche Stimme um Hilfe schreien. Eilig folgt sie dem Rufen zum Waldrand.

„Hier bin ich!" Die Bienenkönigin Summ-Summ hängt mit matten Flügeln in der Mitte eines Spinnennetzes fest.

„Oje, du Arme", meint Serafina, senkt ein wenig den Kopf und durchtrennt mit ihrem Horn die klebrigen Fäden. Ganz behutsam, damit sie der Biene nicht wehtut, hebt Serafina sie auf ihrer Hornspitze zu Boden.

„Du hast mich gerettet", bedankt sich Summ-Summ. „Als Belohnung möchte ich dir einen Wunsch erfüllen!"

Traurig schüttelt Serafina den Kopf:
„Meinen größten Wunsch kann mir leider
niemand erfüllen."

Summ-Summ wippt energisch mit den Fühlern. „Das
wollen wir erst mal sehen. Immerhin bin ich eine
Königin!"

„Ich wünsche mir so sehr ein farbiges Horn", gibt Serafina
zu.

Summ-Summ reibt sich alle sechs Beine und denkt einen
Augenblick nach. Dann meint sie: „Komm mit, ich stelle
dich meinen Freunden vor!"

Sie fliegt Serafina voran zu einer großen Wiese. Unzählige verschiedene Blumen stehen dort. Die Bienenkönigin räuspert sich: „Hört alle her! Serafina hat mich vor der Spinne gerettet. Wollt ihr als Dank ihrem Horn ein wenig von euren Farben abgeben?"

Alle Blütenköpfe nicken eifrig.

„Prima", grinst Summ-Summ zufrieden. „Jetzt halte dein Horn an jede Blüte und warte ab, was passiert."

Serafina tritt vorsichtig von Blume zu Blume. Sie kann es kaum fassen. In Windeseile schimmert ihr Horn in den prächtigsten Farben. Nicht nur in Gelb, Blau, Rot und Grün, sondern auch in Orange, Lila, Rosa und Türkis. Es sieht wunderschön aus.

„Danke tausendmal!", jubelt Serafina und singt und tanzt um Summ-Summ und die Blumen herum.

7 Großstadt-Hokuspokus

Heute ist Winnie,
der kleine Einhornhengst,
zum ersten Mal
in der großen Stadt.
Alles lärmt und leuchtet
in den lautesten Tönen
und den buntesten Farben!
Winnie weiß gar nicht,
wo er zuerst hinsehen soll.

Aber die Leute,
die ihm begegnen,
findet Winnie seltsam.
Alle schauen griesgrämig zu Boden
und eilen hektisch
an ihm vorbei.
Das kleine Einhorn bemerken sie
überhaupt nicht.
„Lach doch mal!",
sagt Winnie nun freundlich
zu einem telefonierenden Mann.

„Keine Zeit!",
zischt der nur zornig.
Er blickt Winnie
gar nicht richtig an.
Da wispert dieser
etwas in sein Ohr:
„Hokuspokus Zauberhorn,
mit Obst verscheucht man
allen Zorn!"

Schwups!,
hat sich das Handy
in eine Banane verwandelt!
Jetzt werden doch
einige Leute aufmerksam.
Rings um den Mann
mit dem Bananentelefon
kichern alle.

„Ein richtiges magisches Einhorn?
Und mitten in der Stadt?",
 wundert sich nun der Mann.
„Kaum zu glauben!"
Winnie lacht wiehernd.
Jetzt zeigt Winnie,
was er alles kann.
Gerade flattert eine alte Zeitung
an den beiden vorbei.
Winnie scharrt nur einmal
mit seinen Silberhufen.

Jetzt ist die Zeitung
ein bunter Papagei!
„Oh, wie zauberhaft!",
ruft der Mann begeistert.
Winnie zwinkert verschmitzt.
Glitzernde Funken sprühen
über den Fußweg
und der graue Asphalt wird
zu einer bunten Blumenwiese.
Der Mann macht es sich
im saftigen Gras gemütlich.

„Das Büro kann ruhig
mal warten!",
seufzt er zufrieden
und murmelt:
„Was einem alles entgeht,
wenn man es immer
so eilig hat!"

8

Märchenmädchen

„Aufwachen, Lara!", flüsterte Wanda. „Komm, ich will dir was zeigen."

Verschlafen blinzelte Lara und hob den Kopf. Es war Mittag. Normalerweise schliefen Einhörner tagsüber in den Tiefen des Waldes. Sie wachten erst auf, wenn die Dämmerung einsetzte.

„Das Sonnenlicht ist grell", beschwerte sich Lara. „Lass mich schlafen."

Aber ihre Schwester stupste sie wieder mit ihrem Horn an.

„Du wirst es nicht bereuen", sagte sie. „Was ich dir zeigen will, ist magisch!"

Lara warf einen Blick zu der Weide, unter der ihre Eltern schliefen. Ihr war mulmig zumute. Noch nie war sie bei Tag durch den Wald gelaufen.

„Ist es gefährlich?", fragte sie besorgt.

„Unsinn!", meinte Wanda ungeduldig. „Sei nicht so ein Feigling."

Damit drehte sie sich um und lief über die Lichtung davon. Schnell folgte Lara ihrer Schwester. Seite an Seite galoppierten die beiden Einhornmädchen durchs Unterholz.

„Hey", rief ein Eichhörnchen. „Ihr sollt doch schlafen!"

„Verrate uns nicht!", rief Wanda. „Wir wollen zum Waldrand."

„Dort ist es gefährlich", warnte das Eichhörnchen. „Eigenartige Wesen sollen sich da herumtreiben. Passt bloß auf!"

Als Lara das hörte, wollte sie am liebsten wieder umkehren.

„Was willst du mir denn zeigen?", fragte sie ihre Schwester. „Kannst du es mir nicht einfach erzählen?"

„Nein", erwiderte Wanda. „Du würdest mir nicht glauben. Darum musst du es mit eigenen Augen sehen. Wir sind gleich da. Ganz leise jetzt!"

Sie hatten den Rand des Waldes erreicht. Vor ihnen lag eine Wiese, auf der bunte Blumen blühten und Schmetterlinge tanzten.

„Hübsch", sagte Lara. „Aber kein Grund, mitten am Tag aufzustehen."

„Warte", hauchte ihre Schwester. „Sie kommt immer um diese Tageszeit. Wenn das Wetter schön ist."

„Wer?", fragte Lara.

Doch Wanda schüttelte nur die Mähne und antwortete nicht. Nach ein paar Minuten wurde es Lara zu blöd.

„Ich gehe wieder", sagte sie. „Da passiert gar nichts Magisches."

Aber genau in dem Moment passierte es doch. Lara hörte einen eigenartigen Laut. Er klang fast wie ein Wiehern. Gleich darauf flog ein rundes, buntes Ding durch die Luft. Und ein seltsames Geschöpf lief hinter dem runden Ding her. Das Wesen lief auf zwei Beinen. Die Vorderbeine benutzte es, um das runde Ding zu fangen.

„Ist das …?", hauchte Lara aufgeregt.

„Ja", bestätigte Wanda. „Das ist ein echtes Menschenmädchen."

Das Mädchen lief über die Wiese. Dabei fing es immer wieder das bunte Ding auf, um es gleich darauf wieder wegzuwerfen.

„Was macht es denn da?", fragte Lara.

„Es spielt", erwiderte Wanda. „Komm mit. Es ist harmlos."

Damit schob sich Wanda zwischen den Bäumen hindurch. Sie ging langsam auf das Mädchen zu. Sofort ließ die Kleine das runde Ding liegen. Es wieherte glücklich und lief auf Wanda zu. Mit angehaltenem Atem beobachtete Lara, wie

das Mädchen Wanda streichelte. Erst dann traute sie sich, näher zu kommen.

„Oh, da ist ja noch ein Einhorn!", rief das Mädchen.

„Du kannst sprechen?", fragte Lara verblüfft.

„Klar kann ich sprechen", meinte das Mädchen. Es streichelte Laras Mähne.

„Aber ich hab gedacht, Mädchen gibt es nur im Märchen", sagte Lara.

„Nein, Einhörner gibt es nur im Märchen", erwiderte das Mädchen.

Daraufhin wieherten Lara und Wanda vergnügt. Menschen waren doch komische Wesen.

„Nadine!", rief eine tiefe Stimme auf der anderen Seite der Wiese.

„Das sind meine Eltern", erklärte das Mädchen. „Wartet nur, bis die euch sehen! Sie haben mir nie geglaubt, dass –"

Doch schnell wie der Blitz wandten sich Lara und Wanda um und liefen in den Wald zurück. Sie rasten durchs Unterholz, an dem Eichhörnchen vorbei und zu ihrer Lichtung. Erst dann wurden sie langsamer. „Ein echtes Menschenmädchen!", rief Lara. „Das werden unsere Eltern nie glauben."

„Spinnst du? Die dürfen nicht wissen, dass wir uns weggeschlichen haben." Wanda grinste. „Aber die Feen werden Augen machen!"

9

Das Zweihorn mit dem Zauberschweif

Sternchen, das kleine Einhorn,
traut seinen Augen nicht!
Auf einer Blumenwiese
liegt ein riesiges
braun geflecktes Ungetüm.
So ein Tier hat Sternchen
noch nie gesehen!

„Wer bist du denn?",
fragt das kleine Einhorn erstaunt.
„Ich heiße Berta!", sagt das Wesen.
Es hört sich eigentlich
ganz freundlich an.
„Und du bist bestimmt
ein Mini-Nashorn!", meint Berta.
Sternchen erwidert ganz empört:
„Mein Name ist Sternchen
und ich bin ein Einhorn!"

Berta überlegt angestrengt.
Sie senkt den Kopf
und zeigt ihre beiden Hörner.
„Dann muss ich wohl
ein Zweihorn sein!
Dabei habe ich immer gedacht,
ich wäre eine Kuh!",
muht Berta verwundert.

53

„Dann sind wir ja verwandt!",
jubelt Sternchen begeistert.
„Komm doch mal mit
in den zauberhaften Einhornwald!"
Da schnieft Berta traurig:
„So weit können mich
meine kurzen Beine
bestimmt nicht tragen!"
„Na, dann flieg doch!"

Berta sieht Sternchen
mit großen Augen fragend an.
Sternchen zwinkert einmal kräftig.
Schon dreht sich Bertas Schwanz
flink wie ein Propeller!
„Jetzt hast du
einen Zauberschweif!"

Die dicke Berta staunt
nicht schlecht!
Da hebt sie auch schon
vom Boden ab
und düst los wie eine Rakete.
„Aus dem Weg!
Hier kommt die dicke Berta!",
muht sie begeistert.

„Lustig sind sie,
diese Zweihörner!",
kichert Sternchen
und fliegt hinter Berta her.
„Hoffentlich weiß Berta auch,
wo bei ihr die Bremse ist!"

10

Ein besonderes Turnier

Seit Tagen schleicht Leonie um das Plakat in ihrem Reitstall herum. Endlich fasst Leonie sich ein Herz und spricht Manuela, die Reitlehrerin, darauf an.

Großes **Frühjahrsturnier**

ANMELDUNG BEI MANUELA

„Es tut mir leid, Leonie, das Springen ist nur für Fortgeschrittene. Ein Anfängerturnier veranstalten wir erst wieder im Sommer. Aber du kannst gerne zuschauen."

Leonie lässt den Kopf hängen. Schade, dass sie noch nicht gut genug reiten kann. Zusehen ist einfach nicht das Gleiche wie Mitmachen.

An diesem Abend kann Leonie nicht einschlafen. Bis zum Sommer ist es noch sooo lange hin. Mit nackten Füßen tappt sie zum Fenster und guckt hinaus. Da! Leonie muss die Augen ein wenig zusammenkneifen, um es überhaupt zu sehen. Ein helles Licht flimmert am Nachthimmel. Ist das eine Sternschnuppe? Doch der Punkt wird immer größer und kommt auf sie zu. Leonie duckt sich unter das Fensterbrett. Sie fürchtet sich ganz schön. Aber gleichzeitig

würde sie so gern wissen, was es mit dem Licht auf sich hat. Deshalb lugt sie vorsichtig über den Fensterrand. Aus dem Leuchten ist ein strahlendes Wesen geworden, das vor ihrem Fenster schwebt. Es sieht ein bisschen aus wie ein Pony. Allerdings trägt es ein Horn mitten auf der Stirn. Mit dem rechten Vorderhuf pocht es leise an die Scheibe.

„Wer bist du?", fragt Leonie bibbernd.

„Ich bin das Einhorn Xela und will dich abholen." Seine Stimme klingt so lieb und freundlich, dass Leonie keine Angst mehr hat.

„Abholen? Wozu?", will sie wissen.

„Zu unserem Turnier natürlich!", erklärt Xela.

Leonie schüttelt den Kopf: „Das muss eine Verwechslung sein!"

„Du wolltest doch gerne zu einem Turnier. Deshalb bist du zum Mondscheinturnier eingeladen. Hol rasch deine Stiefel und deine Reitkappe, sonst kommen wir zu spät", sagt Xela.

Mondscheinturnier. Das hört sich so aufregend an, dass Leonie alle Zweifel beiseiteschiebt. Sie packt ihre Klamotten und klettert schnell auf Xelas Rücken.

Gemeinsam fliegen sie durch die Nacht. Schon nach wenigen Minuten kann Leonie in schwindelnder Höhe goldene Fahnen entdecken. Trompetenklänge und Trommelwirbel begrüßen die Besucher. Außer Leonie sind noch zahlreiche andere Mädchen auf Einhörnern erschienen. Fröhlich winken sie ihr zu und Leonie winkt zurück. Auf einem großen goldenen Stuhl sitzt der Mond. Sein Licht beleuchtet den ungewöhnlichen Turnierplatz.

„Präge dir den Sternenpfad ein!", flüstert Xela. „Dem müssen wir möglichst schnell folgen, wenn wir an der Reihe sind."

Leonie kann den Weg sehen, den die Sterne beschreiben. Die Hindernisse dazwischen sind nicht aus Holz und Stein, sondern aus Wolken, Wind und Regen. Zum Schluss müssen sie durch das Regenbogentor. Der Mond erhebt sich und ruft: „Leonie auf Xela, an den Start bitte!"

Wie ein Pfeil schießt Xela los. Leonie hält sich in der langen silbrig schimmernden Mähne fest und drückt behutsam links oder rechts mit ihren Unterschenkeln an den Bauch des Einhorns, um ihm die Richtung zu zeigen. Vor den Wolkenmauern macht sie sich ganz leicht, sodass Xela problemlos darüberspringen kann.

Bloß bei einem heftigen Windstoß und der kurzen Regentropfen-Strecke bremst das Einhorn ab, damit Leonie nicht versehentlich herunterpurzelt. Als sie durch den Regenbogen fliegen, klatschen die Zuschauer auf den schwebenden Tribünen begeistert. Am Ende reicht es nur für den zehnten Platz. Aber das ist Leonie völlig egal. Sie genießt ihr erstes Turnier und feiert ausgelassen mit Xela und den Siegern. So lange, bis die ersten Sonnenstrahlen den Mond verblassen lassen und das Einhorn Leonie nach Hause bringt. Bevor Leonie wieder in ihr Zimmer schlüpft, legt sie beide Arme um den Hals ihres Einhorns. „Vielen Dank, es hat so viel Spaß gemacht, auf deinem Rücken durch die Lüfte zu reiten!"

„Nächstes Jahr nehmen wir wieder am Mondscheinturnier teil", verspricht Xela, „und dann werden wir vielleicht gewinnen!"

11

Besser als Achterbahn!

Simon ist mit seiner Mutter
auf dem Rummelplatz.
Er will unbedingt
mit der Achterbahn fahren!
Doch Mama erlaubt ihm
nur eine Runde Kinderkarussell.
Und darauf ist bloß ein
pinkfarbenes Einhorn frei!

Mama drängelt Simon,
dass sie bald nach Hause müssen.
Also klettert er
auf das Einhorn.
„Das ist doch was
für kleine Mädchen!", murrt er.
„Von wegen!",
kichert das Einhorn leise.
„Du kannst reden?",
fragt Simon völlig verdutzt.

„Nicht nur das!
Ich kann auch fliegen!"
Und schon hebt das Zauberwesen
vom Boden ab.
Erschrocken krallt sich Simon
in seiner Seidenmähne fest.
„Keine Angst",
flüstert das Einhorn,
„bei mir kann dir nichts passieren!"

„Stehen geblieben!",
ruft da der Kartenkontrolleur
und packt das Einhorn
an seinem Glitzerschweif.
„Nix da! Ich will nicht mehr
im Kreis fahren",
ruft das Fabeltier.

Das Einhorn saust mit Simon
und dem Kartenkontrolleur
schnurstracks in den Himmel.
Eine Wolke aus Glitzerstaub
zieht hinter ihnen her.
Der wütende Kartenkontrolleur
zappelt hilflos mit den Beinen.
„Lass mich runter!", brüllt er.

„Bitte sehr!", lacht das Einhorn
und lässt ihn geradewegs
in einen Achterbahn-Waggon
plumpsen.
„Jippie!", johlt Simon.
„Das macht Spaß!"
„Lust auf was Süßes?",
fragt das Einhorn und fliegt
mitten durch eine weiße Wolke.

Ruck, zuck verwandelt sie sich
in allerfeinste Zuckerwatte.
„Mmmh, lecker!", schmatzt Simon.
„Das hier ist doch
tausendmal besser
als Achterbahn fahren!",
lacht Simon glücklich.

69

12

Frühlingszauber

Der Winter in Katjas Dorf war dieses Jahr besonders eisig gewesen. Im Frühling wurde es kaum besser. Keine Knospe wollte sprießen und die Sonnenstrahlen blieben kühl und blass. Die Leute waren ratlos. Nur Katjas Großmutter murmelte: „Den Einhörnern muss etwas zugestoßen sein!"

Doch niemand achtete auf sie. Außer Katja. Sie kletterte auf Omas Schoß und fragte: „Wie meinst du das?"

„Früher wusste jedes Kind, dass die Einhörner des Waldes den Frühling bringen. Leider bin ich zu alt, um sie zu suchen", erwiderte die Großmutter.

„Ich suche sie", versprach Katja und lief sofort los. Es dauerte eine Weile, bis sie die ersten Bäume erreichte. Katja spürte, wie ihr Magen anfing zu knurren. In der Eile hatte sie vergessen, eine Wegzehrung einzupacken. Sie fand bloß ein paar Karamellbonbons in ihrer Jackentasche. Zu dumm! Im Wald war es inzwischen so düster, dass Katja kaum noch den Weg erkennen konnte. Behutsam tastete sie sich voran. Ihr war ziemlich mulmig zumute. Ohne Vorwarnung zog ihr etwas den Boden unter den Füßen weg und sie verlor das Gleichgewicht. Sie rutschte, schlitterte und fiel und fiel.

Immer tiefer, bis sie mit einem dumpfen Knall am Boden einer tiefen Fallgrube landete. Katja hatte sich noch nicht von ihrem Schreck erholt, da hörte sie ein meckerndes Lachen. Sie blickte nach oben. Im Schein einer Laterne konnte sie ein Gesicht sehen. Es war braun, verschrumpelt und dreckverschmiert. Listige Augen funkelten sie an.

„Ein Gnom!", schoss es Katja durch den Kopf. Sie erinnerte sich, dass die Großmutter sie vor einiger Zeit vor den bösartigen kleinen Wesen gewarnt hatte. Gnome liebten es, Chaos und Unfrieden anzurichten. Man musste sehr schlau sein, um ihnen zu entkommen.

„Hab ich dich! Bestimmt wolltest du diese grausamen Geschöpfe befreien, die aus der schönen, kahlen Erde eklige Blumenwiesen zaubern. Aber das wird dir nicht gelingen! Unter meinen Decken werden sie ewig schlafen!"

Er kicherte gehässig. Katja hatte keine Ahnung, was er damit meinte, aber plötzlich kam ihr eine gute Idee.

„Ich bin deinetwegen hier", log sie rasch. „Ich wollte dir dieses Zaubernaschwerk bringen."

Sie holte die Bonbons heraus und zeigte sie dem Gnom.

„Gib sie mir!", brüllte der kleine Kerl lechzend.

„Du bekommst sie nur, wenn du mich rausholst", forderte Katja.

Der Gnom zögerte nur kurz. Dann schien Katjas Lächeln ihn zu überzeugen. Er warf ihr ein Seil zu und Katja konnte nach oben klettern.

Als sie aus der Grube geklettert war, kramte Katja nach den Karamellen. Sie stellte sich absichtlich so ungeschickt an, dass sie herunterfielen. Gierig bückte sich der Gnom. Da gab Katja ihm einen kräftigen Tritt und er segelte in hohem Bogen in seine eigene Falle. Er schimpfte und zeterte, doch Katja achtete nicht auf ihn. Sie schnappte sich seine Laterne und blickte sich um. Irgendwo mussten die Einhörner sein. Aber Katja konnte sie nirgends entdecken. Nur vier Hügel aus verdorrtem Laub ragten neben ihr empor. Was hatte der Gnom gleich noch gesagt? Die Haufen kamen Katja wirklich ein wenig wie alte, staubige Bettdecken vor. So schnell sie konnte, wirbelte sie die Blätter beiseite. Unglaublich! Darunter lagen die Einhörner. Friedlich schlummernd. Sanft stupste Katja die edlen Tiere an. Endlich gähnten sie und blinzelten Katja an: „Wie lange haben wir denn geschlafen?"

„Zu lange!", rief Katja.

„Wie konnte das passieren?" Die Einhörner richteten sich auf. „Normalerweise weckt uns die Sonne aus dem Winterschlaf."

„Das konnte sie nicht, weil dieser Gnom euch so gut zuge-
deckt hat!", erklärte Katja und führte sie zu der Grube.

„Zur Strafe soll er ebenfalls unter einer seiner magischen
Decken schlafen, bis ihn jemand weckt", beschlossen die
Einhörner und schoben Blätter in die Grube, bis von dem
Gnom nichts mehr zu sehen war. Dann brachen sie in alle
vier Himmelsrichtungen auf und brachten den Frühling zurück in die Welt. Wo immer ihre Hörner die Erde berührten,
erblühten die prächtigsten Pflanzen.

13

Wie im Traum

Mona liegt auf ihrem Bett
und schmökert
in einem Märchenbuch.
Draußen toben und grölen
die Nachbarskinder.
Aber Mona will nicht
mit ihnen spielen.

Die lachen sie ja doch nur aus,
wenn sie
von magischen Zauberwesen
schwärmt.
Heute liest Mona eine Geschichte
über ein schneeweißes Einhorn.
„Hätte ich doch auch so eins!",
 seufzt Mona.
„Dann würde keiner mehr
über mich lachen."

Verträumt schließt sie
ihre Augen.
In diesem Moment hört Mona
ein seltsames Geräusch.
Es klingt wie leises Hufgetrappel!
Sie lauscht angestrengt.
Ganz deutlich hört sie
von draußen ein Wiehern.
Sie stürmt schnell aus dem Zimmer.

Im Garten bleibt sie
staunend stehen.
Mitten auf dem Rasen
steht ein schneeweißes Einhorn!
Es hat eine silberne Mähne
und sein Horn funkelt
wie tausend Diamanten.
Freundlich bläht es seine Nüstern.
Langsam geht Mona
auf das Einhorn zu.

Magisch angezogen
klettert sie hinauf.
Das Einhorn wiehert fröhlich
und trabt leicht wie eine Feder
zu den Nachbarskindern.
Staunend schauen sie Mona an.
„Was ist denn das
für ein tolles Pferd?",
fragen sie mit großen Augen.
„So eins wollen wir auch!"

Da kichert Mona:
„Vielleicht solltet ihr auch mal
ein Märchenbuch lesen!"
Dann stürmen die beiden
im Galopp davon.
Nur eine glitzernde Staubwolke
bleibt zurück.

„Das ist ja wie im Traum",
flüstert Mona leise.
Die Nachbarskinder aber
reiben sich noch lange
verwundert die Augen.

14

Neu im Wald

Jeden Abend, wenn die Sonne untergeht, treffen sich Hase, Reh, Eichhörnchen, Nachtigall und Igel auf einer kleinen Lichtung im Wald. Auch heute lachen und tuscheln sie miteinander. Bloß der Igel stößt ein wenig verspätet zu seinen Freunden. Er ruft aufgeregt: „Ich bin gerade einem schimmernden Gespenst begegnet. Deutlich konnte ich seinen kalten Atem spüren."

„Hast du etwa Angst vor Geistern?", grinst das Eichhörnchen.

„Der Igel hat recht", zwitschert die Nachtigall. „Da ist etwas Unheimliches in unserem Wald. Durch die Zweige habe ich ein Wesen mit einem spitzen, gefährlichen Horn gesehen. Das war bestimmt ein böser Dämon!"

Der Hase nickt: „Mir ist den ganzen Tag ein merkwürdiger Geruch aufgefallen. So hat es im Wald noch nie gerochen!"

„Heute ist mir etwas fast lautlos hinterhergeschlichen. Ich habe mich ganz schnell versteckt", gesteht das Reh.

„Jetzt verstehe ich, warum meine Nüsse so komisch geschmeckt haben. Ganz anders als sonst!", sagt das Eichhörnchen.

„Was sollen wir denn jetzt machen?", fragt der Igel.

„Wir könnten den Wolf zu Hilfe holen", meint die Nachtigall. Der Hase fängt an zu zittern. „Vor dem Wolf habe ich aber mindestens genauso viel Angst!"

„Wir sollten eine Tierversammlung einberufen und den Eindringling gemeinsam vertreiben", schlägt der Igel vor.

„Guten Abend, sprecht ihr über mich?", ertönt plötzlich eine Stimme.

Völlig unbemerkt ist ein weiteres Tier auf die Wiese getreten. Sein Fell ist schneeweiß, es trägt ein strahlendes Horn auf der Stirn und blickt mit sanften Augen in die kleine Runde. Ein Hauch von Blumenduft umgibt das Geschöpf.

Die fünf blicken sich verdutzt an.

„D…d…du bist ein Einhorn", stammelt das Reh ehrfürchtig.

„Das stimmt", lächelt das Einhorn. „Und ich würde gerne in eurem Wald wohnen, wenn ich darf."

Auf einmal haben die Freunde ein ziemlich schlechtes Gewissen. Wie konnten sie sich jemals vor dieser edlen Kreatur fürchten? Warum haben sie nicht genauer nachgeprüft, mit wem sie es zu tun hatten?

Der Igel räuspert sich als Erster verlegen: „Natürlich darfst du das!"

„Ja, wir freuen uns!", rufen jetzt auch die anderen. „Herzlich willkommen in unserem Wald!"

15

Mehr als eine Zeitungsmeldung

„Erzähl mir doch mal
ein Märchen!", bettelt Franziska.
„Keine Zeit!",
murmelt Papa in der Hängematte.
Er verkriecht sich lieber
hinter seiner Zeitung.
„Dann spiel ich eben
Urwaldforscher im Garten",
sagt Franzi ein wenig trotzig.

Die große Hecke wird jetzt
zu einem wilden Dschungel
und die Nachbarskatze
verwandelt sich
in einen lauernden Löwen.
Franzi beobachtet ihn
mit scharfem Blick.
Doch die wilde Bestie
ergreift die Flucht,
als es im Gebüsch
gefährlich knistert.

Irgendetwas schimmert
durch die dichten Blätter!
Leise schleicht sich Franzi an.
Vor Aufregung
traut sie sich kaum zu atmen.
Franzi kann nicht glauben,
was sie da sieht!
Mitten in den Rosen
steht ein Einhorn!

Mit seinen purpurnen Augen
blickt es sie freundlich an.
„Papa, Papa!",
flüstert Franzi aufgeregt.
„Da steht ein ..."
„Ja, ja, schon gut",
unterbricht Papa sie
und widmet sich wieder
seiner Zeitung.

„Ich weiß, du hast
eine blühende Fantasie."
Aber Franzi hört gar nicht hin.
Langsam geht sie
auf das Einhorn zu.
„Steig auf!
Wir machen einen Rundflug
durch die Nachbarschaft!",
wispert es.

Das Einhorn ist wunderschön.
Sanft berührt Franzi
das seidig schimmernde Fell.
Federleicht schwingt Franzi sich
auf seinen Rücken.
„Ich bin mal kurz weg!",
ruft sie ihrem Vater zu.
„Aber zum Abendessen
bist du zurück!",
brummt Papa hinter der Zeitung.

Er liest gerade
die Schlagzeile des Tages:
„Sensation!
Fliegendes Einhorn
über der Stadt!"
Er schüttelt den Kopf:
„Immer diese
Sensationsmeldungen!
Wer ist denn so doof
und glaubt so was?"

Hannah Steinebacher

Zauberschweif und der Poltertroll

Illustriert von Irmgard Paule

16

Von Trollen und Feen

Wohlig streckt sich Lara
in ihrem Bett aus.
Es ist so schön,
in den Ferien
bei Oma und Opa zu sein!
Das Häuschen der Großeltern
steht am Waldrand
mitten im Grünen.
Heute ist Lara den ganzen Tag
auf der Wiese herumgetollt
und hat Schmetterlinge bestaunt.
Plötzlich geht die Tür auf und
Oma steckt ihren Kopf ins Zimmer.
„Schläfst du noch nicht?"

„Sieh nur, Oma!
Ich hab Blumen gepflückt.
Gefällt dir mein Strauß?"
Lara zeigt aufgeregt
auf die kugelrunden gelben Blüten.
Die Blätter der Pflanzen sind groß
und sehen aus wie Hände.

Oma lächelt.
„Das sind Trollblumen.
Die hat schon deine Mama geliebt.
Sie wollte immer wissen,
ob es Trolle wirklich gibt."

Lara spitzt die Ohren.
„Was sind denn Trolle?"
Augenzwinkernd sagt Oma:
„Trolle sind kugelrund
und leben in Höhlen.
Am liebsten necken sie Feen.
Doch jetzt wird geschlafen!"

Lara quengelt ein bisschen.
„Aber morgen erzählst du mir
mehr von Trollen und Feen."
„Abgemacht!", verspricht Oma.
Bevor Lara einschläft,
betrachtet sie das Bild an der Wand.
Es zeigt ein weißes Einhorn,
das Zauberschweif heißt.

Lara hat mit ihm schon
viele Abenteuer erlebt.
Oma lacht immer,
wenn sie davon erzählt.
„Das hast du nur geträumt!
Genau wie früher deine Mama."
Kurz bevor Lara einschläft,
denkt sie:
„Ob das Einhorn Trolle kennt?"

17

Lara ist schwindlig

Was war denn das?!
Lara ist plötzlich aufgewacht.
Ihr ist ganz schwindlig.
Hat da gerade der Boden gewackelt?
Dann hört sie ein Schnauben.
Sie setzt sich auf
und starrt ins Dunkel.
Vor ihr steht Zauberschweif!
Das Einhorn wiehert leise:
„Ich brauche deine Hilfe!"
„Was ist denn los?", fragt Lara.
„Hat da eben die Erde gebebt?"
„Oje!", jammert Zauberschweif.
„Dann spürt man es hier auch schon."

Lara ist besorgt:
„Ist das Beben gefährlich?"
Das Einhorn nickt.
„Im magischen Reich Eleanda
hat es bereits Häuser zerstört."
Neugierig hört Lara
Zauberschweif zu.

„In Eleanda treibt
ein Poltertroll sein Unwesen.
Er trampelt wie ein Tollpatsch
durch die Gegend.
Wenn er aufstapft,
erbebt die Erde so sehr,
dass Mauern einstürzen.
Sogar der dicke Schlossturm
hat schon gewackelt."

„Das ist ja furchtbar!",
ruft Lara laut aus.
Schnell beißt sie sich
auf die Lippen.
Hoffentlich hat Oma nichts gehört!
Wenn sie ins Zimmer kommt,
verschwindet Zauberschweif sofort.
Dann denkt Lara an Estella.
Sie ist die Herrscherin von Eleanda.
Bestimmt hat sie große Angst.

Lara kennt die Prinzessin
von heimlichen Ausflügen
mit Zauberschweif.
Das Einhorn fährt fort:
„Estella befürchtet,
dass ihr Schloss einstürzt
und ihr Reich untergeht.
Wir müssen ihr helfen!"

Lara sieht ihren Freund fragend an.
„Aber was kann ich da tun?"
Bedrückt gibt das Einhorn zu:
„Das weiß ich auch nicht.
Aber komm bitte mit!
Uns wird schon etwas einfallen."
Lara zögert nur kurz.
Dann springt sie aus dem Bett.
Sie kann Zauberschweif
nicht im Stich lassen.

Da fällt ihr Blick
auf die Trollblumen.
Lara nimmt ein paar aus der Vase
und steckt sie sich
in eine Tasche ihres Schlafanzugs.
Dann klettert sie
auf den Rücken des Einhorns.
Und schon fliegen sie los.

18

Ein trauriger Anblick

Der Himmel ist sternenklar
und der Mond leuchtet hell,
als sie über Eleanda schweben.
Doch als Lara nach unten blickt,
wird sie ganz traurig:
Bäume liegen kreuz und quer.
Die Erde ist aufgerissen.
Und wie sehen erst die Dörfer aus!
Viele Häuser stehen schief.
Dächer sind eingestürzt.
Kühe und Schafe
blöken verzweifelt.
Ihre Ställe bestehen
nur noch aus Trümmern.

Besorgt beugt sich Lara nach vorn
und fragt Zauberschweif:
„Was ist mit den Menschen?"
Das Einhorn wiegt traurig den Kopf.
„Viele sind aus Eleanda geflohen."

Sie nähern sich dem Schloss.
Im Turm klafft ein breiter Riss.
Dachziegel liegen verstreut im Hof
und die eiserne Haube des Brunnens
hat riesige Dellen.
„Und wo ist der Troll?",
fragt Lara flüsternd.
„Vielleicht schläft er irgendwo",
vermutet Zauberschweif.

Leise setzt das Einhorn
seine Hufe im Schlosshof auf.
Lara rutscht von seinem Rücken –
und landet *platsch!* in einer Pfütze.
Das Wasser aus dem Schlossgraben
ist in den Hof geschwappt.

Und schon eilt Estella herbei.
Sie fliegt dem Einhorn um den Hals
und umarmt Lara.
„Wie gut, dass ihr da seid!"
Lara murmelt verlegen:
„Ich weiß nichts über Trolle.
Und schon gar nicht,
wie man einen Poltertroll vertreibt."

„Aber du hast immer so gute Ideen!",
sagt die Prinzessin hoffnungsvoll.
„Unser Poltertroll sieht aus
wie ein dicker, runder Stein.
Ständig stampft er so laut auf,
dass die Erde bebt."

„Warum tut er das?", fragt Lara.
„Kann er nicht sanft auftreten?"
Estella seufzt.
„Mein Kindermädchen hat mir Trolle
immer als gutmütig beschrieben.
Sie necken zwar gern Feen,
würden aber niemals
Schaden anrichten."

19

Die Wunderflöte

Lara grübelt und fragt:
„Kann es sein,
dass er schlechte Laune hat?"
Die Prinzessin überlegt.
„Eigentlich sind Trolle drollig,
aber sie können
auch launisch sein.
Wenn sie sich ärgern,
poltern sie herum.
Daher haben sie ihren Namen."
Plötzlich kichert Estella.
„Und furchtbar kitzelig
sind sie auch.
Vor allem an den Füßen."

„Wir müssen ihn aufheitern!",
ruft Lara aus. „Aber wie?"
Da hellt sich Estellas Gesicht auf.
„Mein Kindermädchen hat mir mal
von einer Wunderflöte erzählt.
Wenn ein Menschenkind damit
einem Troll ins Ohr spielt,
bessert sich seine Laune sofort."

Ungeduldig tippelt Lara
von einem Fuß auf den anderen.
„Wo ist diese Flöte?"
Estella lässt die Schultern hängen
und antwortet traurig:
„Wenn ich das wüsste!
Die einzige Flöte im Schloss
ist meine."

Verlegen fügt sie hinzu:
„Ich habe sie vor Jahren
tief in meinem Schrank versteckt,
weil ich nicht mehr üben wollte.
Dann habe ich erzählt,
ich hätte sie verloren."

Das kommt Lara bekannt vor.
Auch sie hat das Üben gehasst.
Plötzlich erschrickt sie.
Was, wenn sie das Spielen
verlernt hat?
Seufzend sagt sie zu Estella:
„Ich werde es wohl
versuchen müssen."

Doch sofort kommen Lara Zweifel:
Was passiert,
wenn es die falsche Flöte ist?
Wird der Troll dann nicht
erst recht wütend werden?

Zauberschweif sieht Lara
aufmunternd an.
Hat er ihre Gedanken gehört?
„Du schaffst das!",
flüstert er zuversichtlich.
Doch dann verdüstert sich
auch seine Miene.
„Aber wo finden wir den Troll?"

20

Der schlafende Troll

Estellas Gesicht hellt sich auf.
„Der Wildhüter vom Schloss
hat den Poltertroll schon mal
im Morgengrauen gesehen.
Er schlief in der Hocke
an einen Baum gelehnt.
Seine Füße standen platt
auf der Erde.
Wahrscheinlich, damit ihn
nachts niemand kitzelt.
Außerdem soll man ihn schon
von Weitem schnarchen hören.
Ich werde den Wildhüter rufen,
damit er euch den Weg zeigt."

Lara hat Angst:
„Was soll ich nur machen,
wenn das Flötenspiel
den Troll nicht aufmuntert?"
Estella blickt sie flehend an.
„Dann musst du ihn bitten,
leiser aufzutreten
und in seine Höhle zurückzukehren."

„Und wenn er das nicht tut?"
Die Prinzessin beginnt zu weinen.
Aber Zauberschweif macht Lara Mut.
„Ich bleibe in deiner Nähe.
Wenn der Poltertroll
dir etwas tun will,
komme ich dir zu Hilfe."

Schweren Herzens beschließt Lara,
sich auf das Abenteuer einzulassen.
Sie hat einen Kloß im Hals,
als sie zur Prinzessin sagt:
„Also gut, dann hol die Flöte!"
Zärtlich stupst Zauberschweif
sie mit der Schnauze an.
„Du bist das tapferste Mädchen
auf der ganzen Welt!"

21

Die Suche im Wald

Flink wie der Wind
eilt Estella ins Schloss.
Als sie zurückkehrt,
reicht sie Lara ihre Flöte.
Auch den Wildhüter
hat sie mitgebracht.
Zögernd entlockt Lara
der Flöte ein paar Töne.
Auweia! Wie falsch das klingt!
Doch es hilft alles nichts.
Sie muss es probieren.
Schließlich machen sich Lara,
Zauberschweif und der Wildhüter
auf den Weg in den Wald.

Bald schon entdecken sie
auf der Erde riesige Fußabdrücke.
Dann hören sie
ein grollendes Schnarchen.
„Dahinten muss er sein",
sagt der Wildhüter
und bleibt stehen.
„Ich wünsch euch viel Glück!"
Leise murmelnd fügt er hinzu:
„Und uns Leuten von Eleanda auch."

Leise setzen Lara und das Einhorn
Füße und Hufe auf.
Da! Da vorn am Baum
lehnt eine große Gestalt!
Jetzt dröhnt das Grunzen so laut,
dass die Blätter zittern.
Ob Lara dieses Geschnarche
mit ihrer Flöte übertönen kann?

Lara ist ganz blass.
Ihre Knie werden weich.
Zauberschweif flüstert ihr ins Ohr:
„Hab keine Angst!
Du weißt ja:
Ich bin nicht weit weg!"

Zaghaft wagt sich Lara vorwärts.
Da knirscht die Erde
und unter ihr knackt ein Zweig.
Wie erstarrt bleibt sie stehen.
Glück gehabt!
Der Troll hat nichts gehört.
Also weiter!

22

Laras Flötenspiel

Leise schleicht Lara näher.
Der Troll sieht so grimmig aus!
Sein Gesicht hat tiefe Furchen
wie ein uralter Stein.
Lara bekommt eine Gänsehaut
und ihre Hände zittern.
Direkt vor dem Troll
bleibt sie stehen
und hält die Flöte
dicht an sein rechtes Ohr.
Sie hat ganz trockene Lippen.
Trotzdem holt sie tief Luft
und entlockt der Flöte
den ersten Ton.

Erst hört es sich schräg an,
aber dann ist die Melodie
deutlich zu erkennen.
Es ist die einzige,
an die sie sich noch
aus ihrer Flötenstunde erinnert:
„Ein Männlein steht im Walde …"

Der Troll reißt die Augen auf.
Aus dem Gebüsch wispert es:
„Spiel weiter, Lara!"
Das muss Zauberschweif sein.
Auf einmal breitet sich ein Lächeln
auf dem Gesicht des Poltertrolls aus.

Seine breiten Schultern
fangen an zu zittern.
Dann bebt sein ganzer Körper.
Lachend hält er sich den Bauch
und ruft mit Tränen in den Augen:
„Sind das schöne Töne!
Wie gut du spielen kannst!"

Als der letzte Ton verklungen ist,
nimmt Lara all ihren Mut zusammen.
„Du hast halb Eleanda verwüstet.
Warum hast du das getan?
Viele Menschen haben
ihr Zuhause verloren
und sind geflohen.
Alle haben schreckliche Angst."

23

Ein schlechter Scherz

Da verfinstert sich
die Miene des Trolls wieder
und er sagt beleidigt:
„Die Feen haben mir
einen bösen Streich gespielt.
Sie haben meine Schuhe gestohlen!
Dabei wissen sie genau,
dass mich das Gras
an den Füßen
ganz furchtbar kitzelt.
Nur wenn ich fest aufstapfe,
spüre ich das nicht.
Oder soll ich mich etwa
vor lauter Kitzeln kaputtlachen?"

Trotzig fügt er hinzu:
„Und den Feen sollen ruhig
in ihren Höhlen die Ohren dröhnen.
Strafe muss sein!
Schließlich sind sie schuld daran,
dass ich barfüßig laufen muss."

Jetzt wird Lara ärgerlich.
„Und was du hier oben anrichtest,
kümmert dich nicht?!
Dass die Erde bei jedem
deiner Schritte bebt
und ganze Häuser einstürzen?!
Du solltest dich schämen!"

Als der Poltertroll das hört,
blickt er Lara zerknirscht an.
„Aber irgendwie muss ich mich
doch vorwärtsbewegen!
Kannst du das nicht verstehen?"

24

Schuhe für den Troll

Lara weiß nicht recht,
auf wen sie wütender sein soll:
auf den Troll oder auf die Feen?
„Und was machen wir jetzt?"
Da bemerkt der Troll
die Blumen an Laras Hemd.
Sein Gesicht hellt sich auf.
„Die großen Blätter sehen ja
wie meine Füße aus!
Mit fünf abgespreizten Zehen."
Lara stutzt.
Sie sieht an sich herab
und zieht zwei Stängel
aus dem Strauß.

Sie streicht die Blätter glatt
und bindet sie mit den Stielen
an die Füße des Trolls.
Der beginnt sofort zu kichern.
Sein Bauch bebt,
die Zehen wackeln.
Dann reißt er sich zusammen
und versucht stillzuhalten.
Endlich ist es geschafft!

Vorsichtig steht der Poltertroll auf.
Zögernd läuft er ein paar Schritte.
Es klappt!
Die Blätterschuhe schützen
seine Sohlen vor dem Gras.
„Jetzt aber schnell nach Hause!",
sagt Lara streng.
Und der Troll läuft gut gelaunt
ganz ohne Poltern in den Wald.

Hinter Lara wiehert es leise:
„Ich glaube,
das gilt auch für dich!"
Es ist Zauberschweif.
Lara klettert auf seinen Rücken.
Und ab geht es in die Lüfte.
Ruckzuck sind sie in Laras Zimmer
im Häuschen am Wald.
„Grüß Estella von mir!",
sagt Lara noch.

Als sie am nächsten Morgen
die Augen aufschlägt,
steht Oma an ihrem Bett.
„Was hast du denn da?",
fragt sie lachend.
„Hast du die Trollblumen
mit ins Bett genommen?
Ich glaube,
ich muss dir tatsächlich
von Trollen und Feen erzählen."

Lara schmunzelt.
Sie guckt zum Bild an der Wand.
Zauberschweif rührt sich nicht.
Das Einhorn sieht aus wie gemalt …

Quellenverzeichnis

S. 5–10
Michaela Hanauer, *Das Einhorn im Garten*,
aus: dies., Leselöwen-Einhorngeschichten,
farbig illustriert von Lisa Althaus.
© 2009 Loewe Verlag GmbH, Bindlach

S. 11–15
Judith Allert, *Ein böser Drache?*,
aus: dies., Lesepiraten-Einhorngeschichten,
farbig illustriert von Julia Ginsbach.
© 2008 Loewe Verlag GmbH, Bindlach

S. 16–20
Michaela Hanauer, *Sophie malt ein Bild*,
aus: dies., Leselöwen-Einhorngeschichten,
farbig illustriert von Lisa Althaus.
© 2009 Loewe Verlag GmbH, Bindlach

S. 21–27
Judith Allert, *Prinz Christopher hat es eilig*,
aus: dies., Lesepiraten-Einhorngeschichten,
farbig illustriert von Julia Ginsbach.
© 2008 Loewe Verlag GmbH, Bindlach

S. 28–32
Julia Boehme, *Das Einhorn*,
aus: dies., Lesepiraten-Geheimnisgeschichten,
farbig illustriert von Julia Ginsbach.
© 2007 Loewe Verlag GmbH, Bindlach

S. 33–37
Michaela Hanauer, *Serafinas größter Wunsch*,
aus: dies., Leselöwen-Einhorngeschichten,
farbig illustriert von Lisa Althaus.
© 2009 Loewe Verlag GmbH, Bindlach

S. 38–43
Judith Allert, *Großstadt-Hokuspokus*,
aus: dies., Lesepiraten-Einhorngeschichten,
farbig illustriert von Julia Ginsbach.
© 2008 Loewe Verlag GmbH, Bindlach

S. 44–50
Vanessa Walder, *Märchenmädchen*,
aus: dies., Leselöwen-Mädchengeschichten,
farbig illustriert von Elisabeth Holzhausen.
© 2010 Loewe Verlag GmbH, Bindlach

S. 51–56
Judith Allert, *Das Zweihorn mit dem Zauberschweif*,
aus: dies., Lesepiraten-Einhorngeschichten,
farbig illustriert von Julia Ginsbach.
© 2008 Loewe Verlag GmbH, Bindlach

S. 57–63
Michaela Hanauer, *Ein besonderes Turnier*,
aus: dies., Leselöwen-Einhorngeschichten,
farbig illustriert von Lisa Althaus.
© 2009 Loewe Verlag GmbH, Bindlach

S. 64–69
Judith Allert, *Besser als Achterbahn!*,
aus: dies., Lesepiraten-Einhorngeschichten,
farbig illustriert von Julia Ginsbach.
© 2008 Loewe Verlag GmbH, Bindlach

S. 70–75
Michaela Hanauer, *Frühlingszauber*,
aus: dies., Leselöwen-Einhorngeschichten,
farbig illustriert von Lisa Althaus.
© 2009 Loewe Verlag GmbH, Bindlach

S. 76–80
Judith Allert, *Wie im Traum*,
aus: dies., Lesepiraten-Einhorngeschichten,
farbig illustriert von Julia Ginsbach.
© 2008 Loewe Verlag GmbH, Bindlach

S. 81–83
Michaela Hanauer, *Neu im Wald*,
aus: dies., Leselöwen-Einhorngeschichten,
farbig illustriert von Lisa Althaus.
© 2009 Loewe Verlag GmbH, Bindlach

S. 84–89
Judith Allert, *Mehr als eine Zeitungsmeldung*,
aus: dies., Lesepiraten-Einhorngeschichten,
farbig illustriert von Julia Ginsbach.
© 2008 Loewe Verlag GmbH, Bindlach

S. 91–143
Hannah Steinebacher, Lesepiraten–
Zauberschweif und der Poltertroll,
farbig illustriert von Irmgard Paule.
© 2013 Loewe Verlag GmbH, Bindlach